パリのガイドブックで東京の町を闊歩する

2

読めないガイドブック

ルール1　東京のガイドブックには頼らない。
ルール2　パリのガイドブックは読む。
ルール3　フレンチトーストは好き。
ルール4　？？？？？？？？？？？？？？？
ルール5　？？？？？？

目次

第一章　ノートルダム

旅はまだはじまったばかりだった。啓示のように降ってきた言葉ひとつを唱えていた私は二〇一八年の夏、まるでカフカの『城』のように、荻窪のTitleに通えども通えどもあるはずのフレンチトーストが食べられず、六回も通い続けてようやくありついた。「パリのガイドブックで東京の町を闊歩する」という言葉を啓示のように、しかし啓示というにはあまりに冗談だと思っていた私に、あまりにも冗談みたいなことが起きたわけだった。なぜかはまだわからなかった。そして、どうやったら闊歩できるのかも皆目見当はつかなかった。まあ、ゆっくり時間をかけてやったらいいですよ、と言ってくれた人もいたのだが、実のところ私は焦っていた。順風満帆だと思っていたのだから、なぜ自分が焦っているのかすらわからなかった。だが、内心とにかく焦っていた。ふと立ち止まると、「残された時間は少ない」という声がどこからともなく聴こえてきた。この声はいったい誰だったのだろうか?

第1号が完成し、松本の藤原印刷から本が届いたのが四月十二日の朝だった。これまでに印刷したことのない千部という数に構えて待っていたら、ヤマトのいつもの配達員さんが段ボールを一度に抱えてきた。わずか三箱だった。薄く、判型の小さい本なので、千部とは言ってもそれほどの量ではなかったのである。

荷ほどきして、ページをめくる。印刷されたフレンチトーストに思わず声を上げる。本になった! そうしているうちにも取次会社や地方の書店から注文の電話が入った。幸先がいい。そう思って、一番に配達すべき荻窪の Title へと急いだ。

ここでまたしてもフレンチトーストが食べられなかったら、面白いのではないかとも少し考えていたが、今度はすんなり食べられた。そして、わざわざ刊行当日に本を買いに来てくれた友人と喫茶で話し込んでいると、目の前でフレンチトーストにありつけないお客さんを目撃することになった。それは私たちが食べ尽くしたからだった。どうやらフレンチトーストを食べられない側の世界から私は放り出されてしまったようだった。

それから私は電車に乗って蔵前に行き、取次をしていただいているH.A.Book storeでよろしくお願いしますと挨拶して立ち話をした。店を出るともう夜になっていた。神楽坂の龍朋でビールの祝杯を上げ、チャーシューがゴロゴロと入っているチャーハンと、ホイコーローと、それからトマトたまご麺を食べて腹をはち切れんばかりにして、帰途に着いた。順風満帆とはこのことを言うのではないか。いや、順風満腹か。

それでもふと気を抜くと、「残された時間は少ない」という声がどこからともなく聴こえてきたし、だからこそ私は何かに追い立てられるように焦り、急《せ》いていたに違いなかった。

翌日は朝から直取引していただいている全国の本屋さんへの発送作業に明け暮

The Lahme

れた。黙々と伝票を作り、梱包し、冊数や組み合わせによって発送手段を選んだ。レターパックライト、レターパックプラス、クリックポスト。これらをうまく組み合わせて、なるべく運賃を抑えなければならなかった。パッキング問題を日々本屋さんや版元さんは解いているのだなと思った。

黙々と伝票を作るが、印刷してみると間違っていたりする。何度もやり直して、頭が回っていないなと徐々に気づく。そうなると今度は梱包をする。綺麗に包む作業は間違わずに伝票を作成するのとは違ってできるようだ。ただ下を向いたまま作業を続けると首が痛くなる。早朝からはじめて、食事も適当にコンビニの海苔巻きで済ませ、気づけば夕方、くたくたである。

もう頭も体も動かないとなったところで、中目黒まで出かけて、約束していた友人たちと飲む。あれほどくたくただったのに、酒は飲めるし話もできる。むしろ、そうして話し、人の話を聴いて笑っていると、凝り固まった頭と体は急速にほぐれていくのだった。もう誰とも話せないと思っていたのに、思いの外、饒舌に語り酒を飲んだ。みんなが完成を労ってくれた。家に帰ると、早速読んだというう感想が届いていた。身近な人々の感想はやはり気になるもので、ここでダメと

納品の行く先々で見かけるカクヤスの配達車。
出逢うとなぜかうれしくなってしまう

言われたら、どうしようもない。うれしくて目頭が熱くなる。倒れるように寝る。

さらにもう一日。朝から夕方まで黙々と発送作業をし、全国の三〇軒近い本屋さんに発送をし終えた。日曜日の夕方だった。それから、都内の本屋さんに直接納品に出かけた。学芸大学、駒込、早稲田。最後にたどり着いた西荻窪は着くのが遅くてもう閉まっていた。店先でモジモジしていたら、通りがかったお店の人が声をかけてくれて、無事に納品できた。

早速店頭に並べていただいた書店のツイートを見て、とてもうれしく、心も体も心地よい疲労感のなか、私は熟睡したのだった。

朝、目が覚めた。何かを考えるでもなく、いつもするようにテレビを付けると、パリが映し出されていた。私はおやっ?と思った。パリのことばかり話していたので、パリの感度が上がっているのだろうか? だが、私の感度の問題ではないらしい。パリで何かがあったのだ。画面を覗き込むと、ノートルダム大聖堂が燃えていた。私は何度もパリを連呼し、パリのガイドブックを読み、そしてパリと名のついた本を山ほど出荷した。目が覚めたら、大聖堂が煙を上げて燃えていた。私はあまりの偶然に驚きを抑えられなかった。フレンチトーストにありつけない

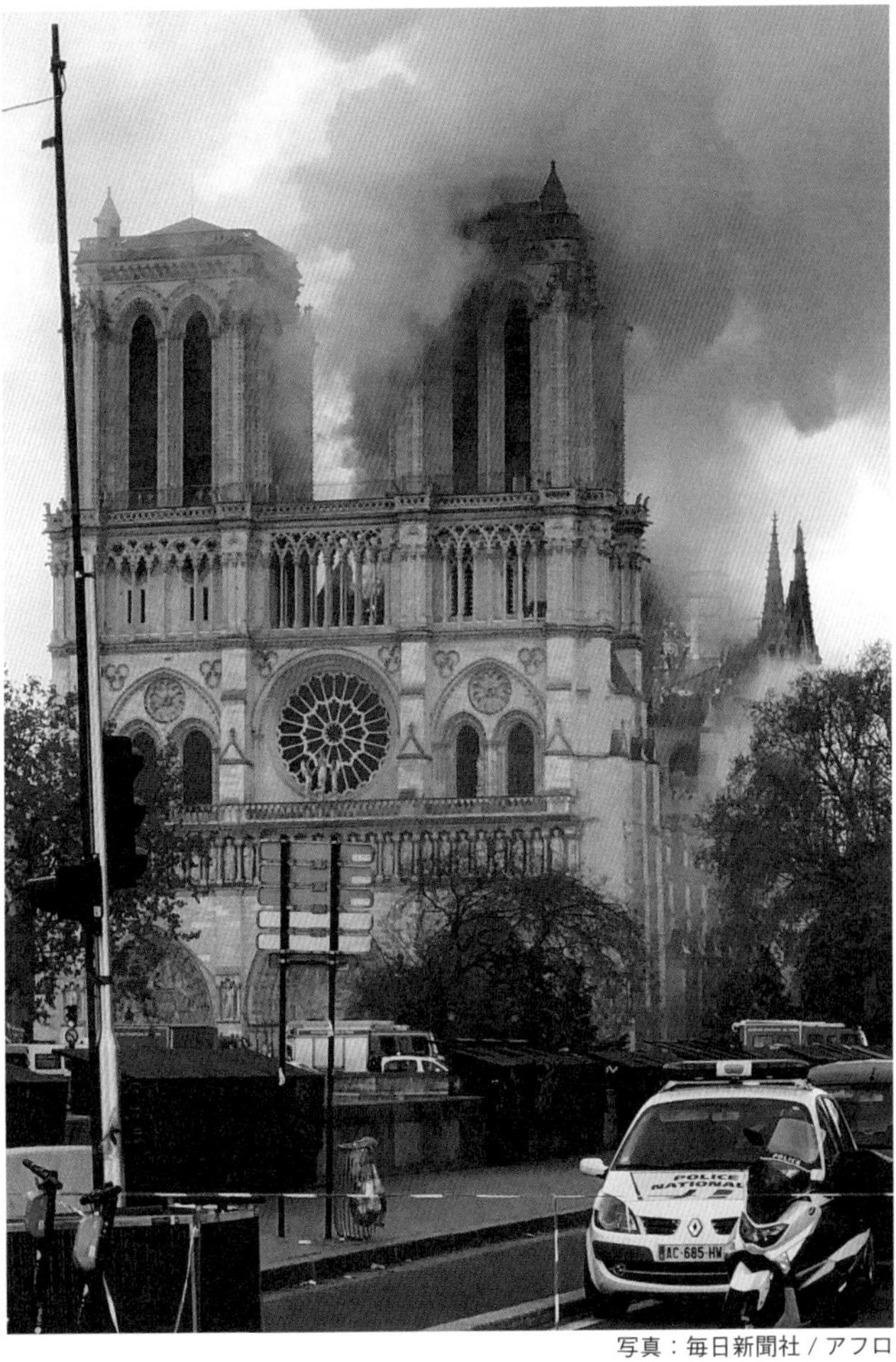

写真：毎日新聞社 / アフロ

目覚めると、テレビ画面のなかで
ノートルダム大聖堂が煙を上げて燃えていた

世界から放り出されたと思っていた私は、またしてもどこか不思議な世界に迷い込んでしまったのだろうか？

前号の最後に私は東京の町を闊歩するために、徹底的にパリのガイドブックを読むことを宣言した。目が覚めて、焼け落ちるノートルダム大聖堂の映像をぼんやりと眺めながら改めて思った。読まなくては。残された時間はそれほど長くはないのかもしれない。

第二章　ガイドブックを買い集める日々

いちばん最初に私が買ったパリのガイドブックは『地球の歩き方 aruco 1 パリ』（ダイヤモンド・ビッグ社）という分厚い『地球の歩き方』をコンパクトにまとめ直した小さな判型の本で、一通りのことが網羅されていた。これは学芸大学駅前の恭文堂書店で買った。それからしばらくして、やはり分量のもう少しあるものを手元に置こうと思って買ったのが、『ハレ旅 パリ』（朝日新聞出版）だった。これは渋谷の東急百貨店本店の上の方にあるMARUZEN＆ジュンク堂書店で買った。まさかこれを手にして東京を歩こうと思っているとは店員さんも気づくまいと内心ではニヤニヤしていた。もちろん、表情には出さなかったと思うが自信はない。出ていたら、パリ旅行を前に浮かれている人か、あるいは単にちょっと変な人に映っただろう。

第1号「まだ歩きださない」の時には、主にこの二冊を熟読した。しかし、どうやればこれで東京が歩けるのか、わからない。むろん、私は本気である。必死に行を指でなぞって読んだ。ところが東京を歩くのはおろか、読んだ先からパリについての情報が頭からこぼれ落ちていくのを痛感せずにはいられなかった。どうやったら、内容を少しでも頭の中に留めておくことができるのだろうか。

その後もガイドブックを次々と買い集めていった。『ぷらっと01 パリ』（ダイヤモンド・ビッグ社）は、たしか早稲田のNENOiに納品に行った際に、本棚で見つけたのだった。『世界遺産に行こう』（学研パブリッシング）はいつだったか、それこそ『『百年の孤独』を代わりに読む』を書きはじめるよりもずっと昔に、どこかで買い求めたものだった。私は当時、世界遺産に行こうとしていたのだろうか。それとも世界遺産になど到底行けないのならせめて本ででも仮想的に世界遺産を訪ねてみようと思ったのだったか。パイ インターナショナルの『世界のシティ・ガイド CITI×60 パリ』は、東京を飛び出して大船にあるポルベニールブックストアを訪ねた際に、やはりパリ、パリと唱えながら棚を眺めて見つけた一冊だ。店主の金野さんが外に開かれた風通しのよい本屋さんを目指されていることと関係するのか、世界各国の旅の本が充実していた。パリに関係さえしていれば、厳密な意味でのガイドブックにはこだわっていない。『世界のシティ・ガイド パリ』と並んで棚差しされていたロラン・バルト『エッフェル塔』（ちくま学芸文庫）も買って帰った。

日々本屋さんに通い、どこかにパリの本はないだろうかといつも気にしていると、あっ、パリの本がここにもあったと気づいた。まるで向こうからパリの本が飛び込んでくるような感覚に襲われた。

いわゆるガイドブックとは少し違うのかもしれないが、パリで暮らす個人が街をスケッチするように書いたエッセイ集や、個人的に編んだガイドブックもまた、その個人の好みがあらわれていて、万人に向けて編まれたガイドブックよりも面白いものかもしれない。ただ、そのようなことを買い集める段階でそれほど意識していたわけではなかった。私はあちこちの本屋さんを訪ねては、パリ、パリと唱え、あるいはもっと直截に店主さんたちに「パリの本はありませんか！」とまるで問答を申し込むかのようにして、パリの本を買い集めていった。

私は自著を置いてくださる本屋さんには時間は掛かっても少しずつ可能な限り自分の足で訪ねてご挨拶しようと思っているのだが、四国・松山の本の轍もまた仕入れてくださった本屋さんだった。偶然、広島県の西条に用事のあった私は、翌日ＪＲと市電を乗り継いで港へ急ぎ、そこから高速フェリー、バス、市電と乗り継いで、本の轍を訪ねた。今、書いていて思い出したが、当初問い合わせると、訪問しようとした日は休業とのことだった。しかし、その日にしかどうしても訪ねられない。今回は残念ですが、また近いうちに西日本を訪問する際には、必ず訪問いたします。メールにそう書いて返したら、しばらくして届いた返信で、予定が変わったのでその日もお店をその時間だけ開けますよ、と言ってくださった。そのご好意にＰＣに向かって私は頭を下げた。後日店を訪ね、挨拶もそうそうに、パリ、パリと唱えながら本棚を眺めていて、見つけたのが『こぐれひでこの もっと！パリへ行こう』（主婦と生活社）であった。行ったこともないのに、「もっと！」とはと苦笑していて、とつぜん大学二年のドイツ語の授業を思い出した。一年で必修のドイツ語の単位を落としたために、二年に上がると、再履修した授業と二年のドイツ語の授業と合わせて週四コマも受けなければならなかった。そんな落ちこぼれの私の受けることになった二年の方のクラスには同じように単位を落とした仲間がなぜか何人も集まっていた。そしてそのクラスのテキストがあろうことか「中級ドイツ語作文」というものだった。申し合わせたわけでもないがテキストの名前を聞いて一斉に「中級!?」と悲鳴を上げたら、先生が「中級ですよ、それは。二年目なんだから！」と呆れてぼやいた。後がない緊張感からか、それともこの「中級」の教科書のおかげか、まったくそれまで頭に入ってこなかったドイツ語は二年目は少しずつ身についてきた。いきなり「もっと」、いきなり「中級」も全然問題ないのかもしれない。

国立の museum shop T を訪ねたのも仕入れてくださったことへのお礼で、それを済ませると、お店の方に「パリの本はありますか！」と尋ねた。それで紹介くださったのが、shunshun『Croquis De Voyage』だった。これは個人的な旅行記というのか、旅行をスケッチしたイラスト集に短文が添えられた本だ。

個人的な旅行記やガイドブックで言えば、二〇一九年春にオープンして間も無くの「ほんやのほ」を訪ねて、そこでオオトウゲマサミ『ひとりパリ行き』（だいわ文庫）や港千尋『パリを歩く』（NTT出版）を手に入れたりした。

ちょうどオープンしたばかりの文喫にも行った。行って、本棚を眺めていたら、パリのところに、堀越孝一訳・校注『パリの住人の日記』（八坂書房）があった。その翻訳者の序文を読んで、まずその文体に惚れてしまった。パリの住人と言っても、五百年以上昔、ジャンヌ・ダルクが現れた時代の日記だ。だが、これを読み通せば、パリのことが少しでもわかるのではないかと私は思った。ところが、これがなかなか読むのが難しい。堀越氏の独特な、そして饒舌な大量の注釈こそこの本の魅力であり、読んでいる時は面白いなあと笑ったりもしているが、ふと気づくとすっかり忘れていて、何のことだかわからない。所詮、基礎のないところに城は建たないのである。フランスの歴史を高校の世界史の授業で勉強したきり、すっかり忘れてしまっていた。パリのことをよく知るには、やはりパリの歴史を知らねばならない。そう思いながら数ヶ月が経ち、二〇一九年の秋ごろに高崎の REBEL BOOKS をふらっと訪ね、そこで発見したのが池上俊一『お菓子でたどるフランス史』（岩波ジュニア新書）であった。これはフランスとフランス菓子の歴史の概要を知るにはちょうどよかったが、まだまだわからないし、やはり読んだ先からどんどんと忘れてしまう。高校生の頃の記憶力があればなあ。しかし、勉強するしかない。そう思ってまたもう一冊手に取ったのが、高遠弘美『物語 パリの歴史』（講談社現代新書）であった。

どの本屋さんに行ってもガイドブックの棚を見るようになって気づいたのは、『地球の歩き方』のような定番のガイドブック以外にも、様々なガイドブックが存在していることだったし、ガイドブックコーナーで一番大きく取られているのもパリだった。そこには、様々な切り口のガイドブックが存在していた。

例えば、私は二〇一九年の秋に渋谷スクランブルスクエアにオープンしたTSUTAYA BOOKSTOREを訪ねた。このビルは、偶然にも第1号の扉の写真に聳えるビルでもある。やはりパリ、パリ、パリと唱えていて、中井正子『ドビュッシーと歩くパリ』（アルテスパブリッシング）という本を見つけた。四国をお遍路する時は、いつも弘法大師が一緒に歩いてくださる。一人でも二人。同行《どうぎょう》二人《ににん》。弘法大師と歩くお遍路ということらしいが、パリならドビュッシーがということか。しかし、ドビュッシーは弘法大師ではない。ドビュッシーが一緒にパリを歩いてくれるわけではもちろんない。付録のCDに収められたドビュッシーの曲を聴きながら、パリの各所の紹介を読むという趣旨の本だった。そう言えば、松山の本の轍に行った時、これで四国は全県に行ったことになると思った。その時、いくらかはお遍路が頭をよぎりはした。幸いにもお店を開けてもらえたのは、弘法大師のご利益かとまでは思わなかった。私はお遍路していたわけではなかったからだ。弘法も筆の誤りなどと言うけれど、あれは間違いを積極的に奨めるような言葉ではない。はなから正解よりも間違いを好む、パリのガイドブックで東京を歩こうとする。もし四国で同行したとしたら、弘法大師は「それはあまりにも酷い」と耳元で囁いたかもしれない。いや、耳元で囁いたのは「残された時間は少ない」という言葉だろうか。

福岡のブックスキューブリックを訪ねた際には、佐藤久理子『映画で歩くパリ』(スペースシャワーネットワーク)も見つけた。「今度はパリのガイドブックで東京の町を闊歩するという本を書いてるんですよ」と伝えると、店員さんが苦笑していた。いったい、福岡で何を言い出すのだということだったか。しかし、言葉が言葉だけに、東京で言ったとしても、同じ反応が返ってきたかもしれない。

パリのことがもっと知りたい。神楽坂のかもめブックスに行った時には、あえてガイドブックではないものと考えて、本多さおり監修『もっと知りたいパリの収納』（KADOKAWA）などを買った。パリの収納は普通と何が違うのか？　またしても「もっと」が出てきたが、私は何も知らなかった。だが、確かに知りたいのには違いなかった。パリで働く人々や暮らす人々にも意識が自然と向くようになった。川内有緒『パリの国連で夢を食う。』『パリでメシを食う。』（共に幻冬舎文庫）や、金井真紀『パリのすてきなおじさん』（柏書房）も買い求めた。

パリに行く予定もないのにガイドブックを買い集めるのに、最初は後ろめたさがあったが、どこかでそれは吹っ切れてしまった。むしろ、予定もないのにこんなに熱心にやっていることに、元気さえ湧いてきた。そして、パリの本は向こうからもやってきた。例えば、第1号が出た時に双子のライオン堂でのトークイベントでH.A.Bookstoreの松井さんと話させてもらったが、松井さんが韓国に行かれた時に手に入れたというパリのマップをいただいたりもしたし、ときわ書房志津ステーションビル店の今週売れた本を紹介するホワイトボードで文庫化した

『罪と罰』を読まない』（文春文庫）とともに、『パリのガイドブックで東京の町を闊歩する 1』が取り上げられていた。そこには「山内マリコ『パリ行ったことないの』（集英社文庫）を著者にはすすめる」と書かれていた。その著者が私である。すぐに私はそれを買い求めた。福岡を訪ねた際に、書肆侃侃房《かんかんぼう》が運営する詩歌集や海外文学中心の本屋さん・本のあるところ ajiro の藤枝さんにズバリ、「パリの本を薦めてください」と頼んだら、ペレックの『パリの片隅を実況中継する試み』（水声社）なる本を教えてくださった。そう言えば、これは第1号が出る前に、「パリのガイドブックで東京の町を歩く」構想を語った時に、まだ邦訳はないけれどと教えてくださった方がたしかいらっしゃった。

もっとパリのことが知りたい。パリを支える人たちから、パリのデモ運動へと少しずつ興味は移っていった。例えば、それはパリの街の緑色のゴミ箱からゴミを収集する人々を追った田中淳『緑色のパリ 街をささえる人、彩るモノ』（ころから）だったり、あるいは二〇一八年後半からはじまった黄色いベスト運動についての『ele-king 臨時増刊号 黄色いベスト運動――エリート支配に立ち向かう普通の人びと』、尾上修悟『「黄色いベスト」と底辺からの社会運動』（明石書店）であったりもした。

　本屋さんに行くのも、本屋さんであれこれ本を手にとって買うのも、パラパラめくってみるのも楽しい。だから、ついつい買い集めてしまう。どれだけ買ってもパリの本は尽きない。本をめくり、書かれていることを妄想しながら、気になったら片っ端から買っていく。東京の本屋さんでパリを探す。棚を眺めていると、パリという単語が飛び込んでくる。店員さんに聞いて、パリに関係する本を教えてもらう。そして、もちろん私は知っている。一人っきりになって読んでいけば、これまで知らなかったパリが広がっていることを。

　けれど、読めないのだった。そこにパリの魅力が詰まっているはずだと感じるのに。目がツルツルと滑って、なかなか本に入り込めない。「残された時間は少ない」と自分を煽り、徹底的に読むと宣言してはみたが、それは宣言してみる自分を見てただ悦に入っていただけだったのだろうか。買い集めるが、読めない。「残された時間は少ない」という声は、急かすだけで、ガイドブックの読み方までは教えてくれないらしい。ただ「読まなくては！」という焦りだけが空回りしていた。いったい何がそうさせているのだろうか。

パリのすてきなおじさん
もっと知りたい
パリの収納
本多さおり
おしゃべりがはずむ
フランスの魔法のフレーズ
パリでメシを食う。
川内有緒
パリの国連で夢を食う。
パリの
すてきな
おじさん
中島京子、推薦!!
色のパリ
特色に統一されたゴミ箱や
清掃員のユニフォーム。
違和感は、ある。
でも、それが、いい。
物語 パリの歴史
どの街角でも
歴史に出会う街
パリの住人の日記
お菓子でたどる
フランス史
山内マリコ
PARIS
SKETCH NOTES
パリへ行こう
パリを歩く
港千尋
革命都市の光と影
母と
ヨーロッパへ
行く
母は旅のベストパートナー

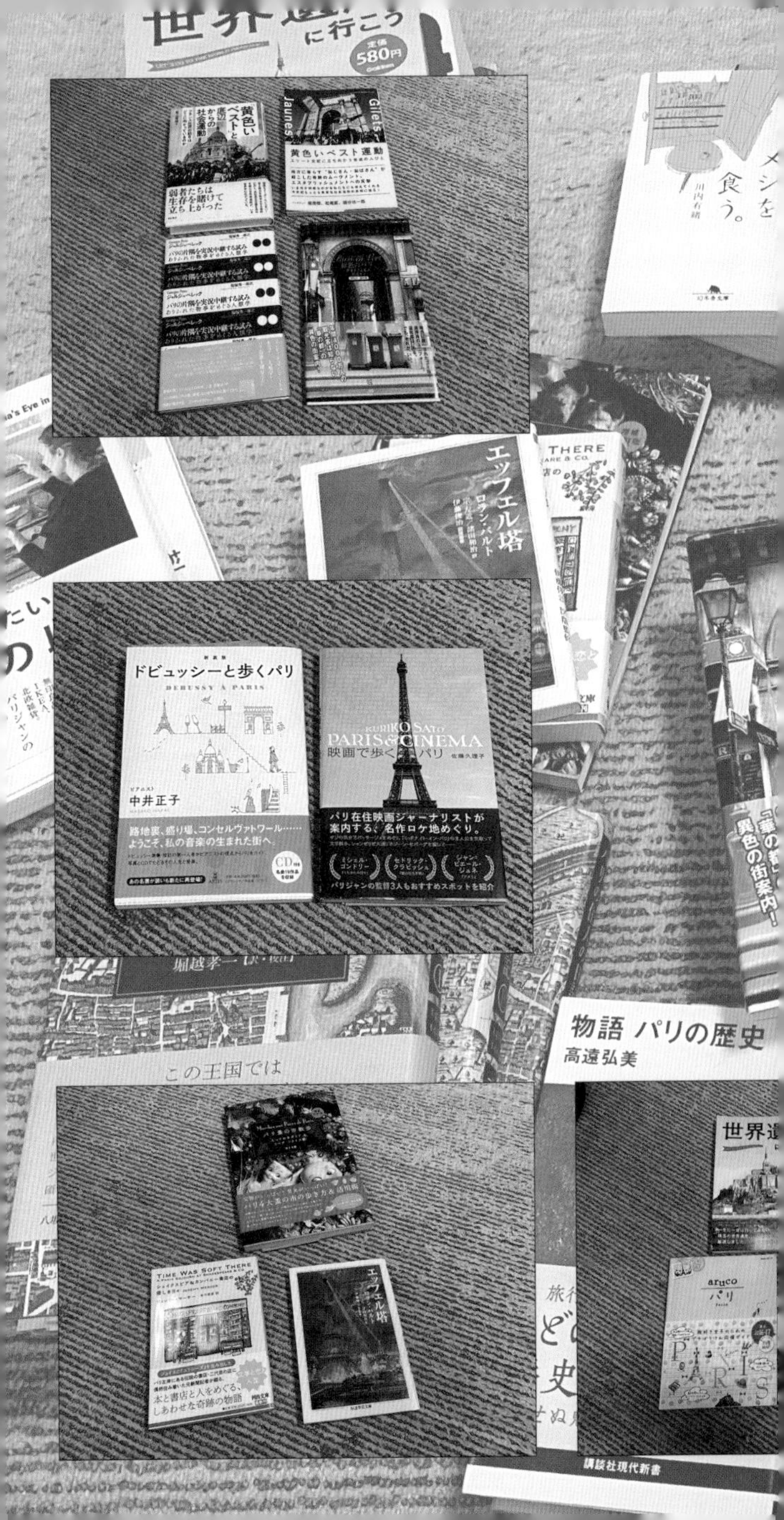

に行こう
定価580円
黄色いベスト運動
弱者たちは生存を賭けて立ち上がった
メシを食う。
川内有緒
エッフェル塔
ロラン・バルト
THERE
ドビュッシーと歩くパリ
DEBUSSY A PARIS
ピアニスト
中井正子
路地裏、盛り場、コンセルヴァトワール……
ようこそ、私の音楽の生まれた街へ。
KURIKO SATO
PARIS&CINEMA
映画で歩くパリ
佐藤久理子
パリ在住映画ジャーナリストが案内する、名作ロケ地めぐり。
パリジャンの監督3人もおすすめスポットを紹介
「華の都」異色の街案内!
堀越孝一
物語 パリの歴史
高遠弘美
この王国では
世界遺
TIME WAS SOFT THERE
本と書店と人をめぐる、しあわせな奇跡の物語
エッフェル塔
aruco
パリ
講談社現代新書

第三章　セブンイレブン

焦ってはいると言っても、実在するものはずっとそこに存在したように、これからも存在するはずだ、と私は考えていた。急がなくても、東京もパリもちゃんとそこにある。そのことを疑いすらしなかった。「残された時間は少ない」という声を聴いても、私は当然この町の暮らしはゆるやかに続いていくと思っていた。それはなかなか読みはじめられない理由の一つだったかもしれない。

ところが、ある時友人の Twitter への投稿に衝撃を受けた。「あの店がなくなっている」というその投稿にはビルの写真が添えられていた。それは第1号で外装工事の覆いがかけられていたマンションだ。当時、一階にはセブンイレブンが入っていた。どうしてあんなに高い位置に掲げる必要があるのかはわからないが、ビルのずっと上の方にセブンイレブンの看板が掲げられていてまるでそれではビルの上の方にセブンイレブンが入っているようではないかと私は面白がった。そのセブンイレブンがなくなったというのである。

私はまさかと思った。友人も驚いていた。なにしろ、つい昨日まではそこに店があったというのだ。そんなに瞬間的にコンビニが消滅するものだろうか。その日は出かける予定はなかったが、居ても立ってもいられず、荻窪に向かった。青梅街道を歩いていく。交差点を渡り、しばらく歩く。まだ先だろうか？　このあたりのはずだがと思い、振り返ると、一階に古いシャッターが下りたビルが目に入った。気づかずに通り過ぎてしまったらしい。しかし、本当にここだろうか。この角のような気がするが、がらんと空いたスペースを見て、さすがにもう少しセブンイレブンの痕跡があるのではないかと思ったのだ。セブンイレブンが消滅したことをどうにかして認めたくなかったのかもしれない。とつぜん思いついて、

振り返ると古いシャッターの下りたビルが ……

ビルの上の方には確かに看板のための金具が残っていた

ビルの上の方を見上げた。そこには、あのセブンイレブンの看板などなかった。しかし、かつて看板が取り付けてあったに違いない金具がまだ残っていた。確かにここはセブンイレブンだった場所だ。

そういえば、コンビニの24時間営業の問題が取りざたされていた。かねてからの人手不足のために深夜に営業を継続することが難しく短縮営業をしようとしたフランチャイズが、契約違反を理由にフランチャイズ契約を解除され閉店を余儀なくされるという問題が起きていた。最初にこの問題が明るみに出たのはたしかファミリーマートで、いくつかはセブンイレブンがあったかもしれない。この青梅街道を「Title まで歩く一キロほどの間にセブンイレブンは三軒ほどあった。この消滅したセブンイレブンも24時間営業問題と関係あるのだろうか。

そこでふと村上春樹の短編小説「パン屋再襲撃」が思い浮かんだ。なぜだろうか？　ひょっとしたら、Twitter の投稿で知らせてくれた友人が初めて会った時に村上春樹の小説漫談を披露してくれたからかもしれない。「パン屋再襲撃」は結婚したばかりの男女が深夜、ひどい空腹に襲われて、パンを手に入れるためにパン屋を襲撃しようとする話だ。なぜ「再」襲撃なのか？　それはかつて男が相棒とともにパン屋を襲撃したことがあったからだ。かつての襲撃ではパンを手に入れたものの強奪そのものは失敗していた。パンを奪うつもりだったが、店主がワーグナーのレコードを一緒に最後まで聴くなら好きなだけパンを持っていっていいと言ったのだ。それは労働ではない。誰かを傷つけるわけでもない。そう考えた二人はその提案を受け入れてパンを手に入れた。だが、そこに何か重大な問題が存在していると感じるようになった。そして、それを境にいろんなことが変化し、元には戻らなかったのだという。妻はそれを呪いだと言った。そして、その呪いは妻である私を巻き込み、経験したことのない空腹を味わわせられているのだと言った。

「もう一度パン屋を襲うのよ。それも今すぐにね。それ以外にこの呪いをとく方法はないわ」

問題は深夜には開いているパン屋が見つからないことだ。代々木、新宿、四谷、赤坂、青山、広尾、六本木、代官山、渋谷。二人は深夜の空いた幹線道路をさまようが、パン屋だけは見つからない。ところが、あきらめようとしたその時、妻はとつぜん、

「停めて！　ここにするわ」と言う。

しかし、あたりにあるのはマクドナルドだけだ。気乗りしない男はマクドナルドはパン屋じゃないと反論するが、マクドナルドも「パン屋のようなものよ」と妻は言い、二人はマクドナルドを襲撃する。

これがもし現代で書かれていたとしたら……。二人は呪いをとくために、もう一度パン屋襲撃を企てる。しかし現代でも深夜に営業しているパン屋はない。だが幸か不幸か妻はマンションの下に入っているセブンイレブンを思い出す。

「あそこにするわ」

「いや、コンビニはパン屋じゃない」

「パンを売ってるでしょ、コンビニもパン屋みたいなものよ。ほんとに便利な世の中になったわね」

どこにこんなものを隠していたのか、毛布にくるんだ散弾銃を抱え、二人はスキーのマスクをポケットに入れて非常階段を降りていく。いったいそれにしてもどうしてこんなマンションの上の方に看板を取り付けたのか。ほんとにまぶしくて仕方がない。襲われて当然よ。そう言いながら次々と襲撃の段取りをシミュレーションする。強奪もセルフサービスだろうか。店に入ったらカゴを持ち、まずは菓子パン、サンドイッチ、そしてハンバーガーとカゴに放り込んでいく。店員はやはり「ハンバーガーは温めますか？」と訊くだろう。温めているうちに店員が、

「袋は有料になりますが」

と尋ねる。強盗から金を取るのか？　それとも抱えきれないほどのアツアツのハンバーガーとチーズバーガーを素手で持てと言うのか？　苛立ちを隠せずにいると、

「パンはお持ちいただいて結構です。でも、袋は困るんです。無料にすると行政処分の対象になって、あとで面倒なことになるんです」

店員が言うのを遮って、「言う通りにした方がいい」と男は言う……。ところがシミュレーションしながら二人が一階まで降りきると、つい昨日までそこにあったはずのセブンイレブンは跡形もなく消滅しているのだ。茫然とした妻は、

「何がコンビニよ。肝心な時になくなってるなんて！」

と声を上げるが、実のところ呪いが残ってしまうと妻はうろたえているのだ。

これをきっかけにして彼女はコンビニエンスストアとは何かを考えはじめることになるだろう。私たちはコンビニは便利なものであり、便利さというものはコンビニで手に入るものだと永らく無自覚に信じてきた。だが名前に「便利」とあるからといって、それは本当の便利さを意味しない。名前がそうだからそうだというのは単なるトートロジーである。それは自ら「親切な男」（女でもいいが）と称する人間があまり信用ならぬのと同じことだ。むしろ逆なのだ。考えればわかることではないか。そんなに便利というのなら、ひとり孤独が耐えられぬ夜にコンビニが寄り添ってくれただろうか。

「パン屋再襲撃」を読み返した私は巻末の初出情報を見た。雑誌『マリ・クレール』１９８５年8月号とあった。もしこの小説がパリを舞台に書かれていたらと私は考えた。パリに深夜営業のパン屋はあるだろうか？　あるいはパリに深夜営業のコンビニはあるだろうか？　私はガイドブックの山から本を取り出して、パリのパン屋事情、コンビニ事情を調べはじめた。

パリでは深夜営業は禁止されていた。いわゆる日本のような24時間営業のコンビニエンスストアはないのだ。パン屋もやはりない。パン屋は早朝にオープンするものだ。つまり二人はパリじゅうを空腹のままさまよった挙句、開いているパン屋もコンビニも見つけられずに、パン屋再襲撃は未遂のまま朝を迎えるわけだ。このように目的を持ってガイドブックに臨めば、目が滑って読めない私にもガイドブックがきちんと読めるものなのだと、軽い感動のようなものを覚えた。

ある日とつぜん、ものごとは姿を変えてしまう。あの荻窪のコンビニは消滅してしまった。そして、「パン屋再襲撃」を思い出し、パリのコンビニ事情を調べた。だが、それをきっかけにして、心を入れ替えて日々パリのガイドブックの熟読に励んだわけではなかった。いよいよ東京の町をパリのガイドブックを片手に闊歩しはじめたわけではなかった。私はやはりパリのガイドブックを前にすると、目が滑って読めなかったのである。一見、パリのパン屋やコンビニ事情を知りたくてガイドブックが読めたかに思われたが、それは「探す」や「調べる」に近いもので読めていたわけではなかったのだ。

しばらくすると、私は消滅したセブンイレブンのことすら忘れ、そしてパリのガイドブックを読めない日々が戻った。次にこのコンビニで驚かされるのは、冬が近づいてから。空き家になっていたセブンイレブンの跡地がまいばすけっとになり、まいばすけっとらしい店構えで賑わっているのを見た時である。

それにしても私はどうしてコンビニの消滅に際して、とつぜん「パン屋再襲撃」を思い出したのか。それは文庫本を改めて読み返してみて、明らかになった。「パン屋再襲撃」の次に収められた作品が「象の消滅」だったのである。

ある町から飼育係とともに老いた象が行方不明になったことを「僕」は新聞で知る。行方や責任の所在について新聞は論じている。だが、そもそも門は閉まっていたし、象には足かせが嵌られていて、鍵も保管されていた。逃げ出しようなどなかったのだ。「僕」は脱走や行方不明ではなく、消滅したとしか考えられないと結論づける。しかし、誰も真剣にその可能性を考えたようには見えなかった。

ここで注目すべきはこの「僕」の象への関心の高さだ。彼はこの一年、毎週のように象と飼育員を観察し、新聞記事をスクラップブックに収集していた。パーティーで知り合った女性と二人でお酒を飲みに行っても、象の消滅の話をしはじめてしまう。いったい彼がそこまで象に関心を持つのはなぜなのだろうか。

だが、見方を変えれば人々の忘れやすさの方こそ注目すべきなのかもしれない。多くの人々があまりに簡単にあらゆる問題への興味をなくし忘れてしまう。それに比べたら、例えば一人の男が象に取り憑かれたように興味を持つことには何の不思議もない。何も町のすべての男が象に取り憑かれたように興味を持ち、新聞のスクラップをはじめたわけではないのだ。事件から一週間も経つと、新聞の記事も減り、やがてほとんどなくなってしまった。興味本位の記事を週刊誌が載せたりもしたが、尻すぼみで終わってしまった。人々は「社会の趨勢には何の影響もない」こととして、「「解明不能の謎」というカテゴリーの中に押しこもうとしているよう」(『パン屋再襲撃』p.52) だった。

私のまわりで象が消えたという話は聴いたことがないが、それはあくまで象の話だ。別にそれはコンビニだって、パン屋だって構わない。あらゆるものが消え、しかし、私たちは消えてしまったことすら忘れているからかもしれない。そして、これはまだただの直感だが何かこの集団的健忘症とも言うべき「忘れやすさ」と、ガイドブックの読めなさはひとつながりのような気がしなくもない。私にとってのの象は何だろうか？　それが見つかれば、パリの街に杭を打ち、ガイドブックの上を目が滑るのを止めてくれるのではないだろうか。

第四章　餃子を食べに行こうとして

　二〇一九年暮れの夜、友人たちと三軒茶屋で食事する約束をしていた。当初は興味を持っていた按田《あんだ》餃子に行こうと話していたが、どうも予約を取るのが難しく、ならばと友人が知るオススメの中華料理店に集まることになったのだった。日中こそ雨が降っていたが、夕方になると上がった。家を出ると、雨に濡れたアスファルトの路面が街路灯で白く光っていた。歩けば三十分くらいだろうか。電車で渋谷を回るよりも場合によっては早いのではないか。日ごろの運動不足を解消しようと、私は三軒茶屋まで歩いていくことにした。

学大からなら三軒茶屋は線路と垂直方向に行けばよい。そう思って歩いていくが、三軒茶屋まで歩いたことはなかった。今どき、道を知らなくても、どこでも行ける。しばらく歩いて駒沢通りを横切ったあたりでGoogle Mapsを開くと、だが何か読み込み中であることを示すマークがグルグルと回転したまま何も表示されなくなった。どうしたものかと思ってTwitterを開くが、Twitterも出ない。通信自体ができないみたいだ。とにかく、あと三十分で三軒茶屋に着く必要があった。どうしたら間違えずに三軒茶屋に行けるだろうかと考えた時、そういえば三軒茶屋には高いタワーが立っているはずだと思い出した。キャロットタワーというのではなかったか。見上げてみるとはるか遠くに何やら高いビルが聳え立っていた。もちろん、それがキャロットタワーであるという保証はどこにもない。ただ、それ以外に目印はなく、まあ大きなビルがあるということはどこかの駅には違いないのだろう。

そういえば、ある時期私は東京の町を歩きながら、そこにエッフェル塔が立っていないかと探し回っていた。もちろん、都内にエッフェル塔があるはずがない。

遠くに聳えるビルはキャロットタワーか？
それともエッフェル塔か？

駅でもないところが急に栄えていたりする

しかし、高い建物があると、それはエッフェル塔ではないかと、半分冗談で言ってみたそのことによって、私は三軒茶屋にはタワーが立っていることを思い出したのかもしれない。

坂を登って降り、別に駅の近くでもないのに、とつぜん少し栄えている場所があり、そしてしばらく歩くとまた店などのない住宅街になる。行く先を見やると、タワーが心なしか大きく、つまり近づいたような気がする。さらに歩いていくと、道は大きく左にカーブしていった。しばらく行くと、学校があった。建物に隠れてタワーは見えなかった。このまま道を行けば、おそらくタワーとは違う場所にたどり着いてしまうだろう。時計を見ると会の開始まであと十分だった。どこかで方向を修正しなければと思っていたら、ちょうど三軒茶屋行きのバスが後ろから追い越していった。ここで手を上げて待ってもらいすぐ先のバス停からバスに乗ってしまえばよかったのかもしれないが、それは何かルールに反しているような気がして、私はとっさにルールを追加したのだった。

ルール４　三軒茶屋行きのバスには乗らない。

三軒茶屋行きのバスが追い越していく

バスには乗らないが、バスの行く先を追いかけるのは差し支えないだろう。そこでバスが右折していった交差点を私も右折した。しかし、交差点を曲がると、細い道路にはすでにバスの姿はなかった。つまりこの先のどこかの角をさらにバスは三軒茶屋へ向けて曲がったはずなのだ。どの角を曲がったのか私にはわからなかった。わからなかったのでそのままどこで曲がるべきかと考えながら歩いていくと、駅前の商店街の果てにたどり着いた。だとしたらタワーが大きく聳えて見えるのではないか。見上げると、薄暗い中に何かが立っていた。風呂屋の煙突だった。駅のずっと近くに来たはずなのに、タワーは見当たらない。遠くから見た方がずっと大きく聳え立っているように見えたのが不思議であった。

十八時を少しまわったところで、私は三軒茶屋にたどり着いた。ただ着いたはいいけれど、連絡しようにもiPhoneは依然として通信できない状態になっていた。それによく考えたら、約束の中華料理店がなんという名前でどこにあるのかをまったく覚えていなかった。駅の手前だろうか、それとも２４６号の向こう側だろうか。そんなことすらわからない。確かなのは評判の中華料理店だということ

風呂屋の煙突も聳えている

とだけだった。だが、この辺に評判の中華料理の店があるそうなんですがと道ゆく人に尋ねたところで、三軒茶屋ほどの町となると一軒や二軒では済まないだろう。それを片っ端から覗いていけというのか。こんな時こそ偶然は起きてくれないのだろうか。例えば駅から一緒に約束している友人が歩いてくるとか。しかし、どれだけ目を凝らしても、知った顔はない。直感で246号の向こう側に渡る。どうしたものか。Wi-Fiさえつながれば……。他のことならそそくさと諦めたりしたかもしれないが、久々に友人に会いたい。それにとにかく空腹で早く料理と酒にありつきたかった。と、その時私は思いついたのだった。iPhoneの電源を入れ直したらいいのではないかと。以前にも同じ経験があった。私は試した。見事にその予想は的中し、通信が回復したのである。「道に迷っていまして、まだ駅前です。これから行きます」とメッセージを送ったのは十八時十五分ごろのことだった。

よく知っているはずの都内でも、いちど地図を手放せば、冒険がはじまってしまうものなのだ。たっぷり歩いたためでもあっただろう。心地よく飲み、気持ちよく眠った。

迷いのない歩きっぷり。このまま前を行く人たちに
付いていけば、店までたどり着けそうな気がしてくる

第五章　ノートルダム再び

ガイドブックは依然として目が滑って読めなかった。読んだ先から忘れていった。パリでも東京でも様々な事件が起き、ニュースが報じられ、そして私はどんどんと忘れていった。それでも私は「パリのガイドブックで東京の町を闊歩する」という言葉だけを大切に唱え続けていた。それだけが救いだった。それしかなかった。だが、唱え続ける私は異様なまでに「パリ」という語への感度を上げていった。何を読んでいても、町を歩いていても、「パリ」という語がまるで向

奥沢を歩いていて、パリの視線を感じて見ると……

コップの底に見つけたエッフェル塔

こうから私の視界に飛び込んでくるようだった。

奥沢の整体院へと急いで歩いていたらとつぜんパリの視線を感じて、振り向くとエッフェル塔だった。店で喉が渇いていてぐーっと水を飲み干すと、今度は底にエッフェル塔があった。耐熱コップDURALEXの「A」がどうみてもエッフェル塔にしか見えないのである。これまでこのコップで何度も水を飲んでいたが気づかなかった。私はいつも東京でエッフェル塔を探して上ばかり見ていたが、エッフェル塔がコップの底にあるとは思わなかった。私は歓喜の声を上げたのだった。

それでもやはり私はパリに拒まれていた。パリのガイドブックをどれだけ読もうとしても、なかなか読み進められない。何かが必要だ。それは大きな事件や偶然の一致では不十分なのだろうか。

ここで考えなければならないのは、はたして私が偶然と呼んでいるものが本当に偶然と呼べるものかどうかということだろう。パリと唱え続け、パリと関わる本を出し、出荷した翌朝にパリの寺院が出火した。それはとんでもない偶然の一致のように思われた。だが、パリは私が本を書いて出荷する前も後も存在していたし、いつだってパリの問題や事件は報じられていたはずだ。だから、その場その場で、自分とパリの出来事を結びつけ、何かを感じとり、そこに何かしらの偶然の物語を見出すことはいつだって可能だ。つまり、パリの本を出荷した翌朝に、ノートルダム大聖堂の火災の報道が飛び込んできたのは偶然の一致ではあるが、だからと言ってことさらにそのことを奇跡のように扱い、あるいはそこに特別な意味を見出すことは適切ではないのかもしれないのである。そして、何より重要なのは仮にとんでもない偶然の一致があったとしても、私がそこにわかりやすい物語を見出してしまったら、そこで話が終わってしまうということだ。わかりやすい物語がそこにある。それで終わり。私がやらなければならないことはそれではない。つまり、偶然の一致に奇跡を感じるのがマズいのではない。それほどの偶然の一致を見出した私が、その奇跡を消費しただけで、その後その事件・事故を追い続けていなかったことが問題だったのである。

では、偶然の一致というきっかけを簡単な奇跡の物語として消化、消費しないためにはどうしたらいいのだろうか。一つの解は村上春樹「象の消滅」で「僕」が新聞記事をスクラップしていたように、偶然の一致を新聞でたどることではないか。

ノートルダム大聖堂の火災についての最初の報道は二〇一九年四月十六日で、「ノートルダム大聖堂で火災　96ｍの塔が焼け落ちる」という見出しがあり、本文ではこう述べられていた。

現地時間15日午後7時ごろ、火災が発生し、教会の尖塔などが焼け落ちるなどの甚大な被害が出た。仏メディアによると、当時は大規模な改修工事が行われており、その足場付近から出火した可能性があるという。（中略）消防当局は火災は午後6時50分ごろに発生したと説明。現場では、大気汚染で汚れた聖堂をきれいにするための改修工事が数ヵ月前から行われており、屋根に取り付けられた足場部分から燃え広がった可能性があるという。（中略）救えるのか、現時点では見通しが立たない。（朝日新聞・2019年4月16日）

まず何より驚いたのは、出火したのが日本時間の十六日だったことだ。私は十二日に新刊を荷受し、あくる十三日、十四日と出荷に明け暮れて、翌十五日、目が覚めたらノートルダム大聖堂の尖塔が焼け落ちていたのだと思っていた。ところが、ここには一日のズレがあるのだった。空白の一日。確かに翌朝というのと、二日後というのでは偶然らしさが随分と違う。私はこのように脳内で都合のいい物語を捏造していた。記憶とはこれほどもあてにならないものなのだ。幸い、記憶違いが明らかになり、偶然の一致感が薄れても、一度調べはじめてみると、その先が気になるものだ。私はさらに新聞記事をたどった。

パリ検察は失火の疑いで捜査を開始し、作業員から当時の様子を聴いているという。(中略)大聖堂の骨組みには木材が多用されており、そのために火が回った可能性がある。(中略)15日夜、現場を訪れたマクロン大統領は「悲劇だが、希望は残されている。我々は大聖堂を再建する」と報道陣に語った。(朝日新聞・2019年4月16日)

そこで大企業や名だたるブランドが再建への寄付に名乗りを上げ、そのことがしかし市民の反感を買った。

ノートルダム高額寄付に怒り＝反政府デモ激化も

抗議運動の中心となっている女性は17日、「社会的な惨状には何もしないのに、わずか一晩で膨大な金を拠出できることを見せつけた」と高額の寄付を批判。インターネット交流サイト（ＳＮＳ）上では「人間より石が優先されるのか」などと反発する投稿が相次いだ。

有力紙フィガロは、20日に予定されているデモについて「怒りを募らせたデモ隊が結集する可能性がある」と指摘。再び破壊行動が起きる恐れがあると報じた。

（パリ時事・2019年4月19日）

実際、二十二日のニューズウィーク日本版のネットサイトでは「フランスのパリで20日、マクロン政権に抗議する「黄色いベスト運動」の23週目のデモが行われ、デモ隊数十人と警官隊が衝突した」と報じている。

第1号「まだ歩きださない」の最後で、私はパリのデモが激化していて、そういうことはガイドブックには出ていない、東京とパリの行政に対する人々の反応の違いはなんなのだろうか、そのことが知りたいと書いた。しかし、私自身このパリの人々の「黄色いベスト運動」を自分にも関係する問題として捉え、興味を持ち続けていなかった。とにかく、今の私は忘れやすいのだ。考えるべき事象のリストを書いて貼り紙でもすべきかもしれない。定期的にその貼り紙に書かれた世界の問題のリストを眺め、継続的に観察すべきではないか。だが時間には限りがある。すべての問題を私一人で考えることはできない。

こういう時、一度にすべてか、あるいはゼロかと二者択一的な考えをするのはよくない。少なくともこうして調べはじめたノートルダム大聖堂の向こう側で、忘れていたパリのデモ「黄色いベスト運動」が繋がったのだ。まずは、一つの問題についてより深く考えようではないか。ノートルダム大聖堂の火災だ。それから「黄色いベスト運動」だ。

こうして、「ノートルダム大聖堂」というテーマを決めてしまえば、次々にガイドブックを開いて、それがどのように書かれているのかと調べることは可能だ。いきなり「パリ」とするとあまりに多くのものがありすぎて、捉えどころがない。テーマは問題意識と言い換えてもいいかもしれない。引き続き新聞を調べていると、次のような記事が見つかった。

（もっと知りたい）世界遺産：2　建造物の復元、どこまで許されるの？

（中略）歴史的建造物の修理や再建はどうあるべきか。その柱がベネチア憲章だ。1964年に建築家らの国際会議で決まり、建築当時の素材や技術を尊重し、臆測憶測に基づく復元を禁じた。世界遺産に欠かせないオーセンティシティー（真正性）を支える理念となり、憲章に基づき、ユネスコの諮問機関、国際記念物遺跡会議（イコモス）も生まれた。

一方で、オリジナル至上主義は硬直を生み、教会や宮殿など半永久的な石造物が密集する欧州への、世界文化遺産の地理的偏重を促した。これに対し、朽ちやすい木や土、日干しれんがなどが多いアジアやアフリカは目立たない。ベネチア憲章に照らせば、これらの素材は劣化しやすく、オリジナルが消えてしまうので再建は難しい。

ところが、94年に画期的な見解が登場した。奈良での真正性をめぐる国際会議で、修理や再建にあたって、固有の文化や歴史背景、自然条件などに即して考慮すべきことが決まった。通称「奈良ドキュメント」と呼ばれるもので、木造や土の建造物の修理も柔軟に対応でき、世界遺産の多様化につながった。（朝日新聞・2019年6月11日）

この記事を読むうちに、ノートルダム大聖堂への興味が急に心の中で増していくのを感じた。この新しい見解によって、復元される尖塔は本物ということになるのだろうか。そして、国際会議で議論された真正性とはいったいなんなのだろう。だが、むしろ気になったのはなぜ私がこれほどまでに歴史的建造物の復元や、真正性というものにことさらに惹かれてしまったかである。

ふと思い当たる節があった。おそらく、それは私が京都の伏見で育ったことと無関係ではないだろう。実家は店を営んでいた。そして、その店舗兼自宅があった商店街の角を曲がると、黄桜や月桂冠の古い酒蔵があり、さらに行くと、川沿いの通りに、坂本龍馬が新選組に襲われたという旅館・寺田屋があった。週末になると観光客が寺田屋を訪ねてきたが、近くで暮らしていると逆に値打ちが下がるもので、寺田屋にも坂本龍馬にもまったく興味がなかった。小学校の夏休みの自由研究でも何人もの男子が寺田屋を見学して写真を撮り、坂本龍馬と寺田屋についてのレポートを提出していたが、どうしてそんなに坂本龍馬や寺田屋に彼らが惹きつけられていたのかまったく理解できなかった。当時の私は歴史というものの全般に興味がなかったからだと思っていた。しかし、今になって考えてみれば、そういうわかりやすいヒーローに対する嫌悪だったのかもしれない。

大学で上京し、働くようになってから、わざわざ実家まで遊びにきた友人をせっかくだからと寺田屋に案内した。建物の外には石碑があり、中に入ると風呂桶がある。入浴中に幕吏に気づいた寺田屋女将・お登勢の養女・お龍が龍馬に伝えようと裸のまま階段を駆け上がったらしい。その急な階段、坂本龍馬の写真、そして斬りつけられそうになった時に残されたという「刀傷」などが展示されていた。正直、目と鼻の先に住んでいながら寺田屋の中を見たのは初めてのことで、古い柱には傷など山ほどあり、どれが刀傷かわからない。「どれだろうか？」と右往左往していると、通りかかった寺田屋の係員が「これです！」と迷うことなく指差して去っていった。そこには傷というよりも、木が大きくえぐれた跡があった。「ほほぉ、これが刀傷かあ」と感心し、考えてみれば刀で斬りつけたなら、これぐらい木がえぐれてもおかしくはないわなと眺めていると、その真上に額装された新聞記事が目にとまったのである。そこには京都市教育委員会がこの寺田屋は当時の寺田屋ではなく、再建されたものであり、まるで当時の寺田屋がそのまま現存するかのような展示は誤解を与えるので止めるようにと寺田屋に通告した旨の新聞記事があった。これには、私は驚いた。そして、その瞬間、幼い頃に店番をしていた祖母がつぶやいたことを思い出したのだった。

「あの、寺田屋さんは贋物やねん。買わはった家を寺田屋や言うてはるねん」

どういう流れでそんな話が出てきたのか、今となっては思い出せないのだが、確かに祖母は「贋物」「買わはった」と軽蔑気味に言ったのである。そして、小学生だった私はそれをそのまま聞き流し、すっかり忘れていたのだった。どうも寺田屋は祖母がぼそっと言い捨てたように、本当に贋物だったのだ。贋物であることが広く知られるようになったきっかけは二〇〇八年の週刊ポスト（9月12日号）に掲載された「平成の「寺田屋騒動」」であるらしい。今となっては随分昔だが、私が京都で暮らしていた小中学生の時分にはよく知られるようなものではなかった。

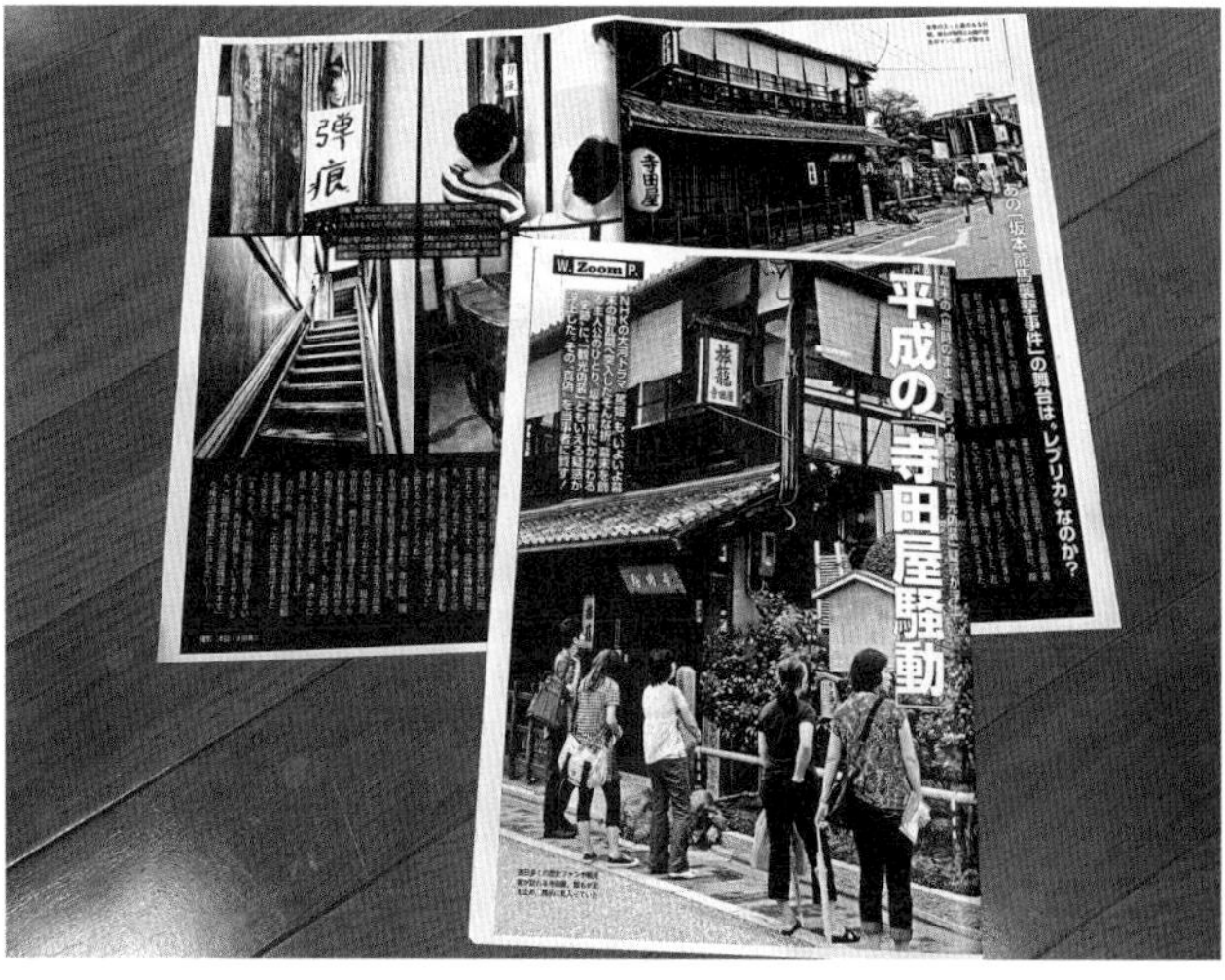

週刊ポスト誌の巻頭を飾った記事「平成の「寺田屋騒動」」

しかし、昔から土地で商売を営んでいた近所の人々はみな知っていたのだろう。そして、そんな贋物の史跡をありがたがって拝みにくる観光客を軽蔑していた。こうした観光客は話は聴いても、お金は落とさないというのが祖母の言葉だった。私もまたそうした、本物を自称する寺田屋をただただありがたがっている観光客を同じように軽蔑していたのかもしれない。

伏見の町といえば、もう一つは伏見桃山城である。この町は豊臣秀吉が築城した伏見城の城下町であり、それが復元されたのが伏見桃山城である。伏見桃山城は伏見桃山城キャッスルランドとして二十一世紀の初めごろまで運営されていて、最寄りの近鉄・桃山御陵前駅からはバスが運行していた。子供の頃に遠足で来て以来、訪ねる機会もなかったが、せっかくだからと友人を案内した。キャッスルランドはすでに廃園されて公園になり、天守閣だけが残されていた。私たちはその天守閣の前の立て看板を見て再び啞然とすることになった。というのも、本来の伏見城は、「どこにあったか正確なことは今ではわからない」とあったからである。つまり、みながありがたがって訪れていた伏見桃山城というのは、もともと豊臣秀吉が築城した伏見城とは場所も形も異なるものだったからである。

もはや本物の城はない。しかし、当時の大手門ならある。桃山のふもとの神社の門は伏見城の大手門を移築したものだ。門はあるが城はない。あるのは贋物の城だ。だが、何もいい加減に復元したというわけではない。伏見城の場所を特定しようとしたらしいが、発掘調査もままならなかったのだ。というのも、この山には今では明治天皇陵が広がっている。城の遺構を調べるために天皇の墓を掘り返すわけにはいかなかったのである。

いつの時代のことかわからないが、ある時祖母はその明治天皇陵に天皇が参拝に来たことがあると話していた。当時、地元は大騒ぎで火に掛けた鍋も放ったらかして駅まで見物に行ったが、駅前は見たこともないようなものすごい人出でごった返し、祖母は財布を何者か（スリだろう）に盗られたのだと何十年も経った後でも嘆いていた。

本物の天皇の集客力というのはすごいものだと感心せずにはいられない。寺田屋も伏見城ももはや贋物ばかりの町に本物の天皇が来たのだ。

だが、私は今ここで贋物を批判したいわけではない。もちろん、贋物を本物と称して人を騙すのは咎められるべきだろう。しかし、では本物なら、それでいいのだろうか？　本物に行った、本物を見たことがある。だからどうした!?　それはスタンプラリーか何かなのか。それなら、私は本物の橋本龍太郎と握手したことがある。だが、だからどうしたというのか！　本物でも贋物でもそれを単にありがたがっていては意味がない。寺田屋をありがたがって思考停止した人たちと同じように、そこで立ち止まってしまったら、本物でも意味がない。本物にも嘘が含まれているし、嘘の中にも本物は存在する。なぜ本物が大切なのか？　それはその当時のことをより精確に思い出させ、考えさせ続けるためだ。それに、みんなで同じものをありがたがっても仕方ない。めいめいがそれぞれに深く調べて考え続けるべきなのだ。本物であることを思考停止の免罪符にしてはいけない。

本物の前で私たちはつい立ち止まってしまう。天皇がやって来た時、冷静だったのはスリだけだった。敬意こそ払えども、何も本物を前にしてたじろぐことはない。忘れがちだが、私たち一人ひとりも私たち一人ひとりの本物なのだ。

本物のノートルダム大聖堂の尖塔の炎を前に多くの人々が集まっていた。では、どこが焼けたのか。そして、それはそんなに由緒正しいものなのだろうか？　そもそも、私は何が燃えたのかよくわかっていなかった。これまで見たガイドブックの写真の多くは正面から撮影したもので、文字通り一面的な視点であり、立体的に捉えることはできていなかった。偶然にも、四月二十四日の朝日新聞の記事には「大聖堂、どう復元すべき？　デザインに素材、仏で議論に」とあり、立体図が掲載されていた。私たちがよく目にする正面からの写真に写っているのは、北塔・南塔というもので、石でできている頑丈そうなものであり、これが燃えたわけではなかったらしい。その後ろ側に伸びる屋根と、尖塔と呼ばれるものが焼け落ちたとされる。尖塔は一八六〇年に設置とあるから、それほど古いものではなかったようだ。いやしかし、北塔も一部焼損し内部は水浸しになったとある。

こんな記事も見つけた。

ノートルダム大聖堂、火災後初のミサ　司祭もヘルメット

4月の火災で屋根や尖塔が焼けたパリのノートルダム大聖堂で15日、火災後初となるミサが行われた。（中略）ミサは火災の被害を免れた礼拝堂で行われた。（中略）司祭ら約30人が白いヘルメットをかぶって参列した。（朝日新聞・2019年6月17日）

写真：代表撮影 / ロイター / アフロ

写真を見ると確かにめいめいの頭には白いヘルメットが被せられている。そして、私は微笑まずにはいられなかった。どうしてここに私は可笑しさを感じるのだろうか。それは伝統を最も重んじるはずの司祭らが、現代的な工業製品であるプラスチック製のヘルメットを被っているからだろう。では、現代的なプラスチック製の工業製品は神聖な儀式の道具とはなりえないか？　そもそも神聖な儀式にふさわしい道具とはなんなのか？　マルセル・デュシャンはレディメイドをアートに持ち込んだ。彼なら、神聖な儀式に大量生産されたプラスチック製のヘルメットを持ち込むことができたかもしれない。

六月二十七日には「原因、特定できず」との記事が出ていた。てっきり作業員のタバコの火の不始末と木造建築であることの組み合わせで火災が発生したとばかり思い込んでいた。ところが、記事によれば当初「工事会社の作業員が足場でたばこを吸っていた」との証言が報じられていたが、仏検察は「たばこの火の不始末や聖堂内の電気系統の故障といった仮説が検討されたものの、特定はできなかった」（朝日新聞・2019年6月27日）とし、捜査を終えたと発表したのだという。

　これも記憶とは違っていた。当時ニュースを見ていたつもりだったが、見落としていた。火災が起きた時には、なんたる偶然とそこに何かを感じ取っていたが、火災の原因はタバコと勝手に信じ込み、あっという間に興味を失い、他のことにうつつを抜かしていたのである。例えば、六月といえばコップの底にエッフェル塔発見などと歓喜していたのだ。そして自分の都合のいいように記憶の中で日付を改竄していたのである。本物や偶然や奇跡の前で思考停止していたわけだ。

第六章　読めないガイドブック

それからまたしばらく月日が経ち、私は相変わらずパリ、パリと唱えていた。部屋を掃除していて、ふと部屋の隅に白い無地のマチ付きの紙袋を見つけた。そのずっしりと重い、二重に重ねて補強された紙袋を持ち上げてみると、中にはカラー写真ばかりの雑誌『フィガロ』が三冊入っていた。私はその雑誌を取り出して、随分前に神戸の古本屋・1003を訪ねた時のことを瞬時に思い出した。あれは、夏の晴れたとても暑い日だった。汗を拭き、扇子で首筋をあおぎながら、

33

店主の奥村さんと話をしていたのだった。あるいは、あまりの暑さに音を上げて、窓側で外の気持ちのよいくらいに晴れた青空を眺め、ハートランドの瓶ビールを飲んでいたかもしれない。いずれにせよ、その時、

「次はパリのガイドブックで東京の町を闊歩するという本なんですよ」

と言ったのは間違いなかった。ちょうどその時、奥村さんのデスクの上には値付け中なのか本が積み上がっていて、その中に、雑誌フィガロがあった。奥村さんは「パリ特集がありますよ」と抜き出して、見せてくださった。これは面白いですね、と言って眺めていると、どこかから奥村さんがさらに何冊もパリ特集のフィガロを抱えて戻ってきた。

「もっとありますよ」

一〇冊くらいあったかもしれない。どなたかが蔵書していた雑誌を一度に放出されたのか、長年のフィガロには何冊ものパリ特集があった。よく知らないが、年に一度はパリ特集を組んでいるのかもしれない。それで、私はその中から三冊を選んで、一冊百円、合計三百円を払った。三百円しか払っていないのに、頑丈そうなマチ付きの手提げ袋を二重にして持たせてもらったのを、なんだか申し訳

ないなと思ったことをよく覚えている。

そのフィガロが部屋の隅からある日発見されたのであった。すっかり買ったことを忘れていたが、ふとしたきっかけで、こうして細部まで思い出す。記憶というのは不思議なものだ。あの時、うずたかく積まれたフィガロの中にパリ特集が十冊くらいはあり、しかし十冊全部を持ち帰るのはとても無理なので、中から三冊だけを選んだのだった。そのうちの一冊が京都とパリを一度に特集した2004年3月20号「パリ歩き、京都巡り。」である。パラパラとページをめくっていく。京都とパリのホテルや市場や美術館などを対比しながら進んでいく。古本屋ではあまりお目にかからないが、未整理の山からの本だったからだろう。切り抜かれたページがあった。一つ目は雑誌などによくある新譜や新刊書紹介のページで、「NEW RELEASE」と書かれたコーナーに並んだ三枚の新譜紹介のうちの一枚だった。いったい、この切り抜かれた新譜はなんだったのだろうか。そして、もう一ヶ所は、LACOSTE の見開き広告である。見開き広告の左下のあたりをガバッと切り抜いてある。これはいったい。いや、LACOSTE の広告を切り抜いたと判断するのは早計なのかもしれない。私は見開きページをめくり、

最新レストラン。
City Boy in London
BRUTUS

LACOSTE の広告の裏側を見た。そこもやはり全面広告であった。どこの広告かはわからないが、筆記体で〝a phone〟とあり、フクロウが写っている。その下の部分が丸ごと切り抜かれているのである。残された誌面には電話機のあのとぐろを巻いたケーブルがわずかに見えていた。ということは、そこにあったのは、電話機なのだろうか？　しかし、いったいなぜ？　パリ・京都ガイドを読んだ持ち主は、ここで電話機の写真を切り抜く必要があったのか？

ほかの号も持ち主は同じだったはずだ。なにしろ、普段女性誌の古本など見たこともなかったあの古本屋さんにあれだけの数のフィガロが集められていたのだ。店主がよほどのフィガロ好き、フィガロ蒐集家ということでもなければ（その可能性は否定できないが）、ありえないことだろう。そこで、同じ所有者のものであったはずの残りの二冊にも何かないかと私は調べてみるが、どれもきれいな状態で、切り抜きなど存在しない。あるいは、もっと他の号はと考えて、奥村さんにメールしてみるが、あれからかなりの月日が経っていて、残りはもうみな処分してしまったらしい。つまり、残りの号から推測することはもはやできない。

何かが失われている時、残されたものから、何が失われたかを考える。私は他のページにも切り抜きがないか、切り抜かれたページのことがわかる情報はどこかにないかとページをめくったが、切り抜かれたのはその二ヶ所だけだった。その代わり、私は発見した。特別付録の京都のマップに「パン屋さん」「美味しいです!!」という書き込みを。そこにこの雑誌の持ち主の息遣いを感じた。持ち主はあまりの興奮でつい「美味しいです!!」と書き込んだのだろうか。いや、そんなはずはない。こう書き込んだということは、この雑誌に持ち主以外に少なくとももう一人、読者がいたということだ。それを私は会話を盗み聴きするような形で読んでいる。

持ち主はかつて京都を旅行した。そして、その時立ち寄ったパン屋がおいしかった。そこで、この雑誌を誰かに貸す前に、丸太町河原町の角にパン屋さんの印を付けて、「美味しいです!!」と書き込んでから渡したのだ。

それともガイドブックを貸した相手が、それを持って京都に行き、そしてまるで交換日記のようにして、お返しに「美味しいです!!」と書き込んで返したのだろうか。そうだとすると、それを受け取った後、この本の持ち主はそのパン屋に行ったかどうか……。

パリのガイドブックを読む時は集中力を切らしてしまうのに、なぜだか切り抜かれたページの前では次々と想像が広がっていく。私は気づけば随分と長い時間、このフィガロのバックナンバーを大量に保有した人のことを推理していた。そして、その人はいったい、何を切り抜きしたのだろうか？

なぜ私はこうまでしてこの切り抜きを気にしているのだろうか。どうしてこんなに取り憑かれているのか。それはわからない。しかし、ここに何か面白いものがあるのではないかと感じている。それは、何か空いた穴を埋めるという旅をしてみたいと常々思っていたからかもしれない。よし、と私は重い腰を上げた。フィガロのこのページに何が写っているのかを調べに、大宅文庫に行って確認してみようと思い立ったのである。あのフィガロを手に入れたのと同じ、とても暑い日だった。

大宅壮一文庫は大量の雑誌を所蔵する私設図書館である。切り抜かれたフィガロ誌もきっと所蔵しているに違いない。さて、ここで大宅文庫はどこにあるのかという問題がある。世田谷区にあるとは聞いたことがあったが、世田谷と言ってもとても広い。なにしろ、調べてみると面積は58㎢、23区中では大田区に次いで第2位。最小の台東区10㎢と比べたら約6倍だ。これでは区内といえども、どのあたりか見当をつけることもできない。もちろん、それでもエチオピアを探した時のようにパリのガイドブックを熟読して、闇雲に歩きはじめてもいいのだが、それでは同じ話の繰り返しになってしまう。

ルール5　失敗に学ぶ。

そう、私は失敗に学ぶことにした。つまり予め場所くらいは調べていくことにしたのである。井の頭線と京王線を乗り継いで八幡山に着いた。右側へと道をずっと歩いていくと、左手には広い敷地の林が広がっていて、中は病院らしい。側道を歩いていたら病院の中を背の低い外車がブロロロローンと妙に低い音を立てて走ってきた。そちらを見るとちょうど駐車場のゲートのバーが上がり、再びブロロロローンと走り去っていった。あれは医師だろうか？　その向こうでは警備室に奥の建物から看護師さんたちがA3くらいの黒い大きなプラスチックのクリアケースを抱えてやって来た。

大宅文庫へ向かう道で

「あのお、すみませーん。今日は湿度が高くて〜」

しかし、その先は風の音でかき消されてしまって何と言ったのか気になるが聞き取れない。もちろん、「湿度がどうされましたか?」と赤の他人がフェンス越しに聞くわけにもいかないが、しかし、何が起きたのだろうと穴を埋めたくて仕方がない。いったい何だろうとあれこれ考えていたら、ほどなくして大宅文庫にたどり着いてしまった。案外、駅からは近い。

初めて来た大宅文庫は思った以上に人がいた。検索端末で所蔵雑誌を調べ、そして二階に上がり資料を請求する。手渡されたフィガロジャポンを閲覧席に座ってめくっていく。このフィガロはあの切り抜きのあった号に違いないはずなのだが、ページをめくっていくと、何か見たことのないページばかりのような気がして、ひょっとして号を間違えたのだろうかと不安になる。しかし、表紙には「パリ歩き、京都巡り。」と確かに書かれているし、巻号もメモした通りのものだ。もう一度頭からゆっくりとめくっていくと、今度は見覚えのあるページがあり、ほっと胸をなでおろした。やがて、「NEW RELEASE」のページにたどり着いた。そこにあったのは、Lisa Loeb & Elizabeth Mitchell の『Catch the Moon』というアルバムだ。さらにページをめくっていくと、あのLACOSTEの全面広告があり、左下の切り抜かれた部分には肩があるのみだった。あるべきものがそこに写っているのに、とてつもない不思議を感じた。あの切り抜かれたものをずっと見ていたからか。裏返すと〝a phone〟と書かれていた広告の切り抜かれた場所にはMU TECHブランドのオレンジ色のおしゃれな電話機が写っていた。

　これはどういうことなのだろうか。やはりフィガロの持ち主は、この電話機を買おうと思って切り抜いたのだろうか。ひょっとしてこの切り抜きを持って電器店にでも行ったのかもしれない。今ならネットで調べてしまえば終わりのような気もするが、二〇〇四年と言えば、まだスマートフォンは普及していない。ただ、ネットは家にあったような気がする。だとすれば、この持ち主はパソコンは使わない年配の女性だったのかもしれない。この切り抜きは、友人にフィガロを貸す前のことなのだろうか、それとも返してもらってから切り抜いたのだろうか。

　私はどうも今いろんなことを調べたくて仕方がなくなっているのかもしれない。穴があったらそこを何で埋められるのか。もちろん、この穴埋めをしたところで、穴が埋まったといううれしさ以上の意味はない。しかし、どうしても埋めたくなってしまう。電車でナンクロを一心不乱に解いている人と心境は同じかもしれない。なぜそんなに熱心にと思っていたが、自分が穴を埋める側になってみると、わからなくはない。調査に必要性などなくていい。純粋な調査欲なのだ。

例えば、森鷗外は趣味の古書漁りで江戸時代の武鑑（武士人名録）を蒐集するうちに、弘前医官渋江氏蔵書なる朱印のある本にしばしば出会い、医師という自分との共通点への興味からか、これをきっかけにして史伝『渋江抽斎』を記した。その森鷗外が軍医として福岡県の小倉に駐在した時代の日記は永らく散逸していたが、それを知った田上耕作という男が当時の足取りを追い、日記を復元しようと奮闘した。その事実を元に松本清張は短編小説「或る「小倉日記」伝」を著した。このように失われた足跡を埋めようとする文学作品は枚挙に暇がないものであり、またこのように連綿と精神が受け継がれているものでもある。

もちろん鷗外や清張の文学的な探求と私の穴埋め遊びを並べる気などさらさらない。私はただ手元の穴を埋めようとしたまでだ。とはいえ、ガイドブックも「ある」よりも「ない」方が読めるのかもしれない。ただ穴があいている。何か欠けているところがあると、それを埋めようという衝動が起こる。もちろん、いつもではない。あくまでそれは気まぐれだ。だが、少なくとも切り抜きがなければ、私はここでガイドのページを繰る手を止めなかっただろう。このページの中味を知るために、大宅文庫を訪ねることもなかっただろう。そういう意味で、やはり何かが失われていることこそが、私を何かに向かわせたのだ。

第七章　準備体操はできた

　パリのガイドブックで東京の町を闊歩するためにはどうすればいいのか？　ヒントは何かが失われてできた穴だった。失われているところがあれば、それをきっかけにそこに何があったのだろうかと考えはじめる。調べることができる。大宅文庫を探して訪ねたように、東京の町を歩くことだってできるかもしれない。こうなったら自分でガイドブックに穴をあけて、あいた穴を自分でまた埋めていこうか。マッチポンプという言葉が思い浮かんだ。

いやしかし、自分で穴などあけてみなくても、穴はあちこちにあるのではないかと町を歩いていて気がついた。商店街の所々にふと更地がある。建築計画の札が出ている。ついこのあいだまではここに何か建物が立っていたはずだ。いったい、ここに何があったのか？　もしかしたら、用があってここに来たことがあっただろうか。この、ここは何があったのかという問いで東京の町を歩いてみることはできる。ではそこに意味が見出せるだろうか？

ある時、更地を前にして、

「ここは前は何が立っていたんだっけ？」とつぶやくと、

「そういうのがわからないような場所だから潰れたんですよ」

と言った知人がいた。その知人の考えでは、結局そこにあったものは不要だった、不要だったからなくなった、不要なものだったのだからなくなっても構わない、とそういうことだった。もし、そうだとしたら、町にあいた穴の記憶を埋めて歩いても意味はないのかもしれない。

だが歩きだしてみて、またふと思い当たった。確かになくても大して困ってはいないのだろう。そもそも、ないならないで、困らないものに囲まれて私たちは

暮らしている。私のこの東京歩きも誰に求められたものでもない。ないならないで誰も一向に困りはしない。また、ないと困るものも、大抵は代えがきく。であるなら、それらはなくなっても構わないかと言うと、それは少し違うだろう。そもそも暮らしているということは、ないならないで困らないものごとをなくてはならないものへと変えていくことなのだ。一つ一つはなくても困らなかったものや人が互いになくてはならない関係を結んでいく。だから、一見なくても困らないものが失われたその土地に、何があったのかと思いを馳せることに意味はあると言うと言い過ぎだろうか？

だが、ここで考えなければならないことは、穴を埋めて東京を歩くことに意味があったとしても、それだけならばパリのガイドブックは不要ではないかということである。もちろん考えはある。何かが失われてからそこに何があったかと探しはじめるのではなく、今目の前にあるのに何かがない。みっちりと埋まっているなかにあいている穴を見つけたい。穴は逆に過剰であってもいい。それはただその場所を漫然と眺めているだけでは見出せないのだ。外からの目が必要だ。あるいは比べてみることが必要だ。つまり、空き地も更地もないところにあいた

「穴」を見つけるために、パリのガイドブックが必要とされているのだ。と、そんなことはしかし、パリのガイドブックを片手に東京を歩こうとしはじめた時からすでにわかっていたことではないか？

　ガイドブックを読む。読めば世界の見え方が変わる。その世界の見え方の変わった「私」として東京を歩こうと思っていた。その時、どう歩くかが問題だと思っていた。あるいは、そのために何をどのように読むかが問題だと思っていた。ところが、歩くために読む、そのまず純粋に「読む」ことがまさかこれほど難しいとは思わなかった。こんなに読めないものだとは思わなかった。

　東京を見て歩くために、パリのガイドブックを読む。そのガイドブックを読むところで頓挫している。そうすると、これは後退なのではないか。いや、これこそ前進なのだと私は思った。なにしろ、徹底的に買い集めて読もうとしたからそれはわかったのだ。やってみないとわからないものである。しかし、これを前進と言って簡単に頷いてくれる人がいるものだろうか。

「だってまだガイドブックはちっとも読めていないじゃない？」

「ヘタに読めてしまうよりも、読めないほうがいいんだよ」と私は言う。

「読めないほうがいい？」

「うん、読めないほうがまだ救いがある」

「救いがある？」

「そうなんだよ」

「それにしても、ほんとぜんぜん読めてないわね」

「うん、ぜんぜん読めてない。読めてはいないがね、準備体操はできたんだよ」


（第3号につづく）

代わりに読む人の本

既刊

友田とん著
『百年の孤独』を代わりに読む
並製本 203頁 定価一二〇〇円＋税

友田とん著
パリのガイドブックで東京の町を闊歩する 1
まだ歩きだされない
並製本カラー 48頁 定価七〇〇円＋税
ISBN 978-4-9910743-1-8

これから出る本

わかしょ文庫著
うろん紀行

◉編集後記

ご無沙汰しております。1号の編集後記に、「次号は二〇一九年秋の発行を予定」と書いたため、1号を読んでくださった皆さんからありがたいことに、「2号はまだですか」、「2号楽しみにしています」という声援（催促）を度々いただきました。決してサボっていたわけではないのですが、さてどうしたものかと考えるうちに1年半が経っていました。残された時間は少ないという声が聴こえるのに、ただただ時間が過ぎていくというのもまた可笑しな話です。この間、一番大きな出来事はもちろん新型コロナの流行でしょう。このシリーズが完結するまでは自分にはパリに行く資格はないと思っていたものの、まさか人々が気軽にパリへ旅行するのも難しくなるとは予想もしませんでした。しかし、考えてみれば、気軽にはパリを訪問できなくなった今こそ、パリのガイドブックで東京の町を闊歩する方法が、精進料理のように求められていると言えるかもしれません。今号では新型コロナについては触れることはありませんでしたが、次号ではどうやってもコロナが意識されると思いますので、むしろいかにコロナから離れるかが課題です。さて、出版レーベル代わりに読む人では、これからも到底他からは出ない可笑しな本、そしてまだ広く知られていない素晴らしい書き手（私ではなく）の本をすこしずつ刊行し紹介していければと考えています。取り扱ってくださる書店さん、取次会社さん、印刷製本会社さんの尽力があって本書がお届けできていますが、今回はさらに校正と表紙デザインにプロの力をお借りしました。今後もこのようにすこしずつですが、長く読んでいただく価値のある本を作っていけるように努めていこうと考えていますので、引き続き愛読いただければ幸いです。

著者紹介
友田とん（ともだ・とん）
作家。京都府生まれ。ナンセンスな問いを立て日常や文学に可笑しさを見つける文章を書く。著書に『『百年の孤独』を代わりに読む』、『パリのガイドブックで東京の町を闊歩する　1』。短編小説「私の応援狂時代」を『しししし3』（双子のライオン堂書店）に発表。出版レーベル 代わりに読む人代表。

パリのガイドブックで東京の町を闊歩する 2
読めないガイドブック

2020年12月11日 初版1刷発行

著　者　友田とん（文・写真・装画）
発行所　代わりに読む人
〒152-0002
東京都目黒区目黒本町 2-11-3 コリーヌ学芸大学 101
Email: contact@kawariniyomuhito.com
Web: https://www.kawariniyomuhito.com/

校　正　サワラギ校正部（北村さわこ＋松井亜衣＋柳沼雄汰）
表紙デザイン　竹内宏和（藤原印刷株式会社）
本文デザイン　代わりに読む人装幀室
印刷製本　藤原印刷株式会社